AF194877

Impressum
Verlag: BABADADA GmbH, Nedderfeld 112 , 22529 Hamburg
Geschäftsführer / Verlagsleitung: Harald Hof
Druck: Books on Demand GmbH, In de Tarpen 42, 22848 Norderstedt

Imprint
Publisher: BABADADA GmbH, Nedderfeld 112 , 22529 Hamburg, Germany
Managing Director / Publishing direction: Harald Hof
Print: Books on Demand GmbH, In de Tarpen 42, 22848 Norderstedt

school

la escuela

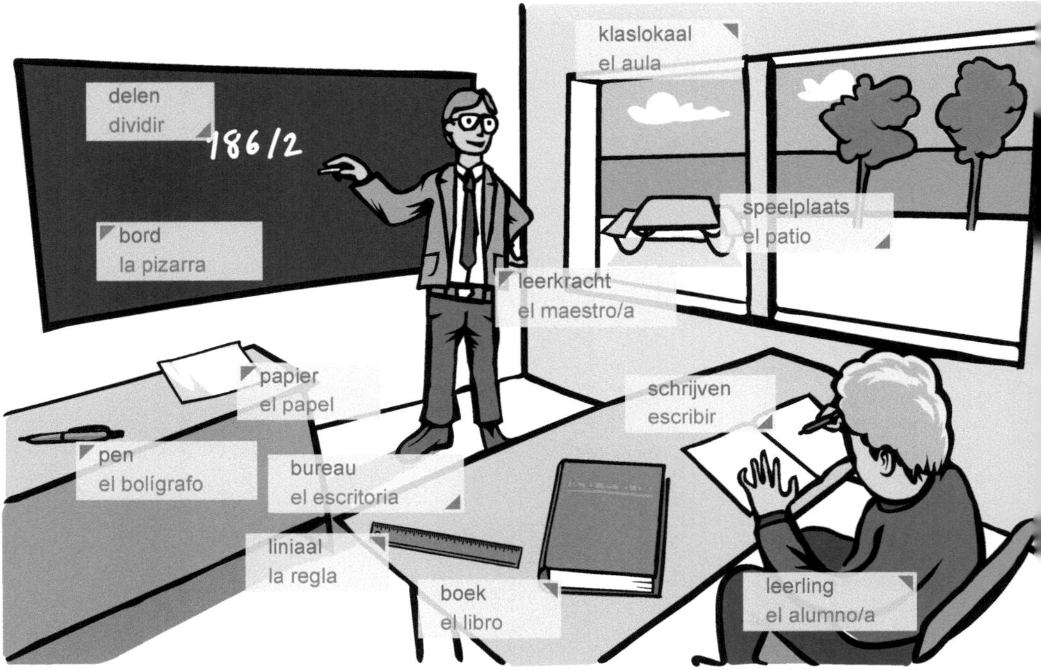
klaslokaal
el aula
delen
dividir
186/2
speelplaats
el patio
bord
la pizarra
leerkracht
el maestro/a
papier
el papel
schrijven
escribir
pen
el bolígrafo
bureau
el escritoria
liniaal
la regla
boek
el libro
leerling
el alumno/a

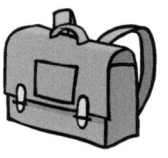

schooltas

la cartera

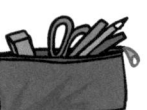

pennenzak

la caja de lápices

potlood

el lápiz

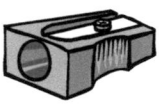

puntenslijper

el sacapuntas

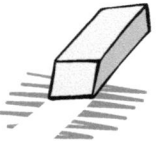

gom

la goma de borrar

tekenblok

el cuaderno de dibujo

tekening
....
el dibujo

verfborstel
....
el pincel

verfdoos
....
la caja de pinturas

schaar
....
las tijeras

lijm
....
el pegamento

werkboek
....
el cuaderno de ejercicios

huiswerk
....
los deberes

nummer
....
el número

optellen
....
sumar

aftrekken
....
restar

vermenigvuldigen
....
multiplicar

rekenen
....
calcular

letter
....
la letra

alfabet
....
el alfabeto

woord
....
la palabra

tekst

el texto

Lezen

leer

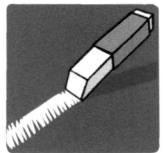

krijt

la tiza

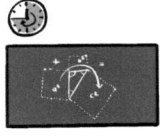

les

la lección

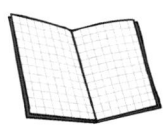

klassenboek

el cuaderno de notas

examen

el examen

certificaat

el certificado

schooluniform

el uniforme

onderwijs

la educación

encyclopedie

la enciclopedia

universiteit

la universidad

microscoop

el microscopio

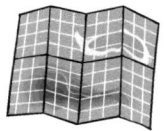

kaart

el mapa

papiermand

la papelera

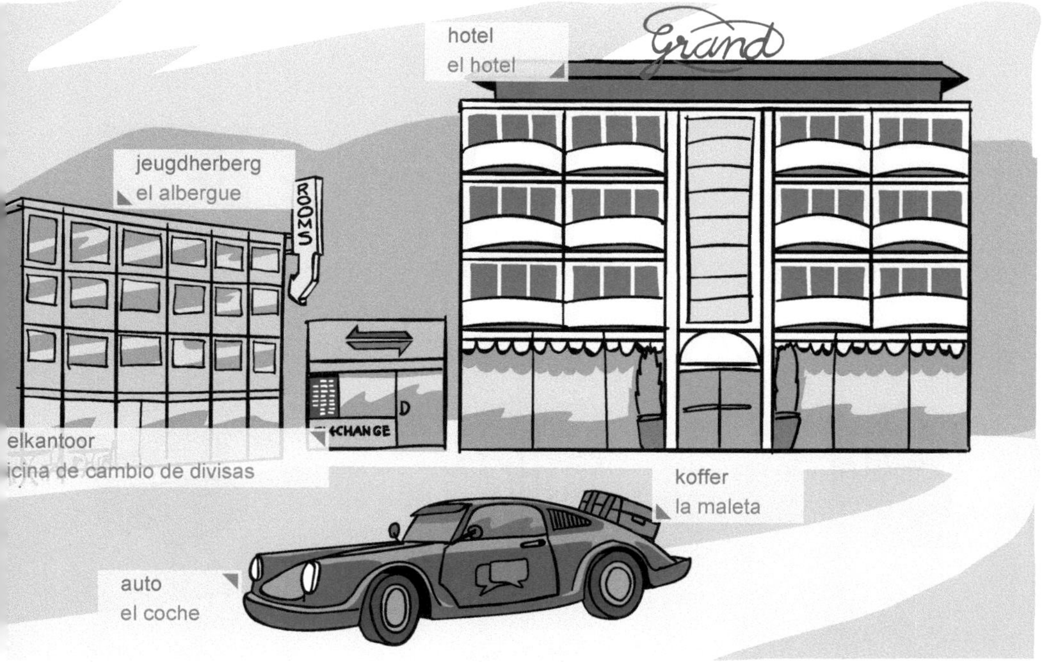
hotel
el hotel
Grand
jeugdherberg
el albergue
ROOMS
elkantoor
icina de cambio de divisas
CHANGE
koffer
la maleta
auto
el coche

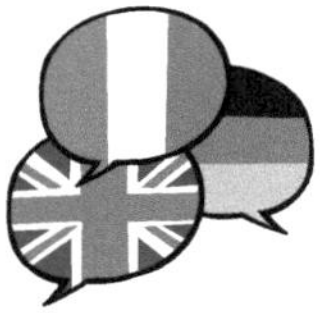

Taal

el idioma

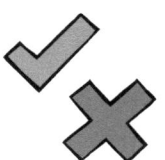

ja / nee

sí / no

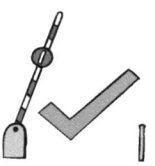

oké

Vale

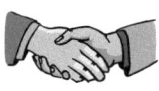

hallo

hola

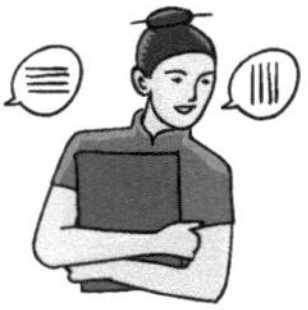

vertaler

el traductor

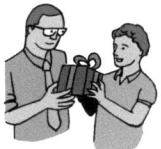

bedankt

Gracias

Hoeveel kost ...?

¿cuánto es...?

Ik begrijp het niet

No entiendo

probleem

el problema

Goedenavond!

¡Buenas tardes!

Goedemorgen!

¡Buenos días!

Goedenavond!

¡Buenas noches!

Tot ziens

adiós

richting

la dirección

bagage

el equipaje

zak

la bolsa

rugzak

la mochila

gast

el invitado

kamer

la habitación

slaapzak

el saco de dormir

tent

la tienda de campaña

toeristeninformatie

la información turística

strand

la playa

kredietkaart

la tarjeta de crédito

ontbijt

el desayuno

lunch

el almuerzo

avondeten

la cena

ticket

el billete

lift

el ascensor

postzegel

el sello

grens

la frontera

douane

la aduana

ambassade

la embajada

visum

la visa

paspoort

el pasaporte

transport
el transporte

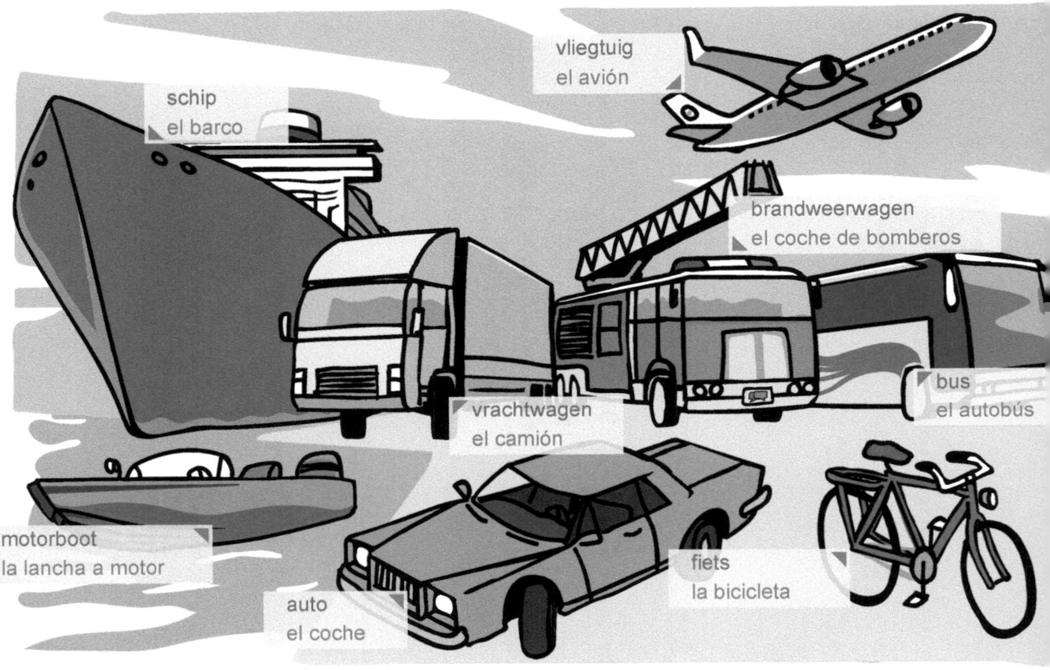
vliegtuig
el avión
schip
el barco
brandweerwagen
el coche de bomberos
bus
el autobús
vrachtwagen
el camión
motorboot
la lancha a motor
fiets
la bicicleta
auto
el coche

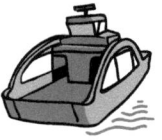

veerboot

el transbordador

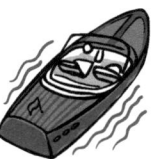

boot

la barca

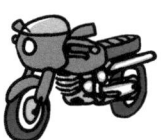

motor

la moto

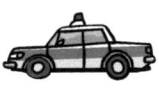

politiewagen

el coche de policía

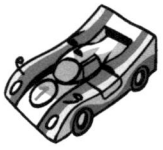

racewagen

el coche de carreras

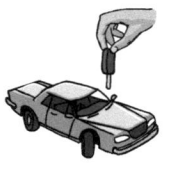

huurauto

el coche de alquiler

carpoolen

el préstamo de vehículos

sleepwagen

la grúa

vuilniswagen

el camión de la basura

motor

el motor

benzine

la gasolina

benzinestation

la gasolinera

verkeersbord

la señal de tráfico

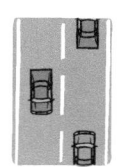

verkeer

el tráfico

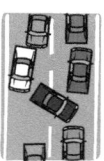

file

el atasco

parkeerplaats

el aparcamiento

station

la estación de tren

sporen

las vías

trein

el tren

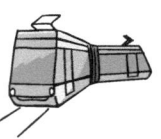

tram

el tranvía

wagon

el vagón

helikopter
el helicóptero

luchthaven
el aeropuerto

toren
la torre

passagier
el pasajero

container
el contenedor

karton
la caja de cartón

kar
la carretilla

mand
la cesta

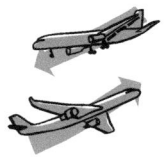

opstijgen / landen
despegar / aterrizar

stad
la ciudad

dorp
el pueblo

stadscentrum
el centro de la ciudad

huis
la casa

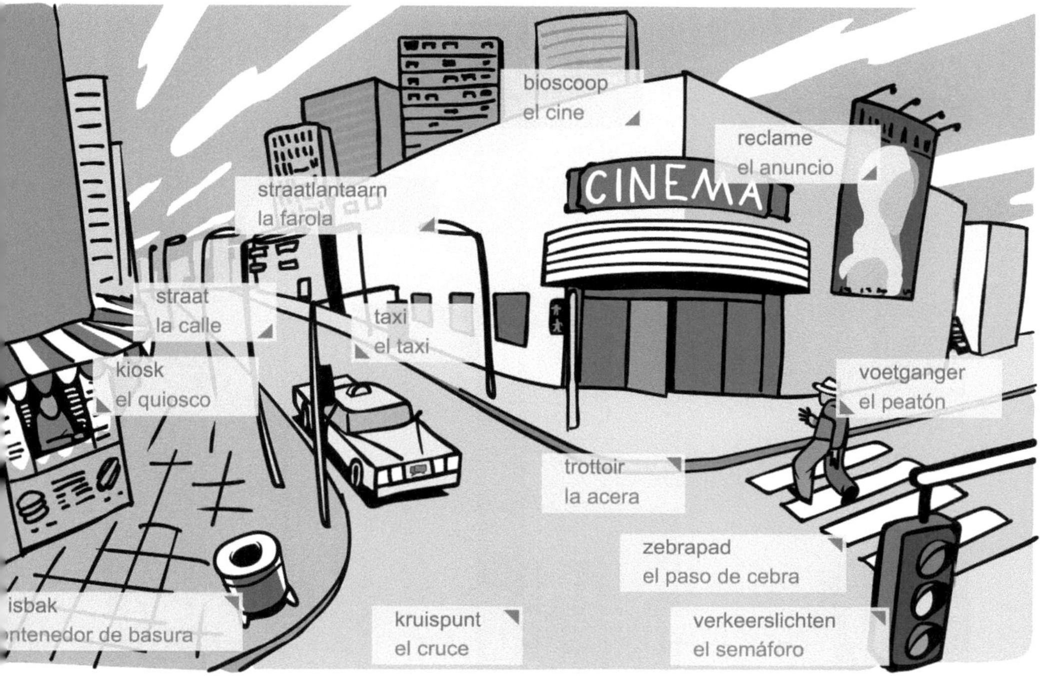

bioscoop
el cine

reclame
el anuncio

straatlantaarn
la farola

CINEMA

straat
la calle

taxi
el taxi

kiosk
el quiosco

voetganger
el peatón

trottoir
la acera

zebrapad
el paso de cebra

isbak
ntenedor de basura

kruispunt
el cruce

verkeerslichten
el semáforo

hut
....
la cabaña

woning
....
el apartamento

station
....
la estación de tren

stadshuis
....
el ayuntamiento

museum
....
el museo

school
....
la escuela

universiteit

la universidad

bank

el banco

ziekenhuis

el hospital

hotel

el hotel

apotheek

la farmacia

kantoor

la oficina

boekwinkel

la librería

winkel

la tienda de campaña

bloemenwinkel

la floristería

supermarkt

el supermercado

markt

el mercado

warenhuis

los grandes almacenes

vishandelaar

la pescadería

winkelcentrum

el centro comercial

haven

el puerto

park
el parque

bank
el banco

brug
el puente

trap
las escaleras

metro
el metro

tunnel
el túnel

bushalte
la parada de autobús

bar
el bar

restaurant
el restaurante

brievenbus
el buzón

straatnaambord
el poste indicador

parkeermeter
el parquímetro

zoo
el zoo

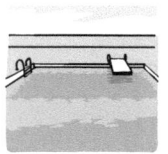

zwembad
la piscina

moskee
la mezquita

boerderij
la granja

milieuverontreiniging
la contaminación

kerkhof
el cementerio

kerk
la iglesia

speelplaats
el patio de juego

tempel
el templo

landschap
el paisaje

blad
la hoja

wegwijzer
la señal

weg
el camino

weide
el prado

steen
la piedra

wandelaar
el excursionista

boom
el árbol

rivier
el río

gras
la hierba

bloem
la flor

vallei
el valle

heuvel
la colina

meer
el lago

bos
el bosque

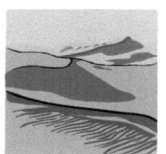

woestijn
el desierto

vulkaan
el volcán

kasteel
el castillo

regenboog
el arcoíris

paddenstoel
el champiñón

palmboom
la palmera

mug
el mosquito

vlieg
la mosca

mier
la hormiga

bijl
la abeja

spin
la araña

kever

el escarabajo

kikker

la rana

eekhoorn

la ardilla

egel

el erizo

haas

la liebre

uil

la lechuza

vogel

el pájaro

zwaan

el cisne

wild zwijn

el jabalí

hert

el ciervo

eland

el alce

dam

la presa

windturbine

la turbina eólica

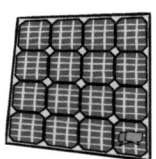

zonnepaneel

el panel solar

klimaat

el clima

restaurant
el restaurante

ober
el camarero
menu
el menú
stoel
la silla
soep
la sopa
pizza
la pizza
tafelkleed
el mantel
bestek
la cubertería

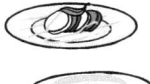

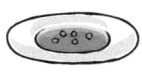

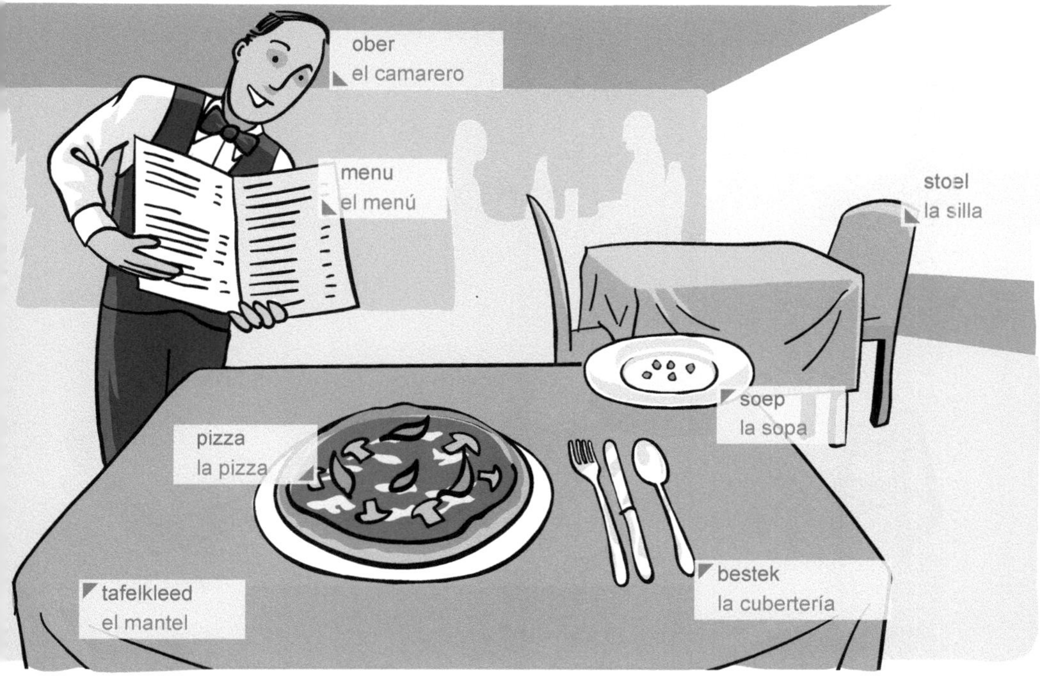

voorgerecht
el primer plato

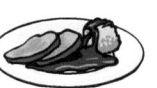

hoofdgerecht
el plato principal

nagerecht
el postre

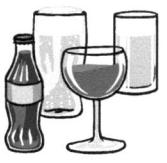

drankjes
las bebidas

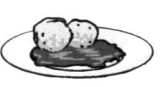

eten
la comida

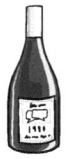

fles
la botella

fastfood
la comida rápida

street food
la comida callejera

theepot
la tetera

suikerpot
el azucarero

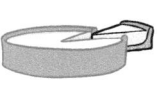

portie
la porción

espressomachine
la cafetera expreso

kinderstoel
la trona

rekening
la cuenta

dienblad
la bandeja

mes
el cuchillo

vork
el tenedor

lepel
la cuchara

theelepel
la cucharilla

serviette
la servilleta

glas
el vaso

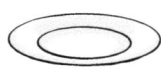

bord
el plato

soepbord
el plato hondo

schoteltje
el platillo

saus
la salsa

zoutvatje
el salero

pepermolen
el molinillo de pimienta

azijn
el vinagre

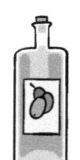

olie
el aceite

kruiden
las especias

ketchup
el ketchup

mosterd
la mostaza

mayonaise
la mayonesa

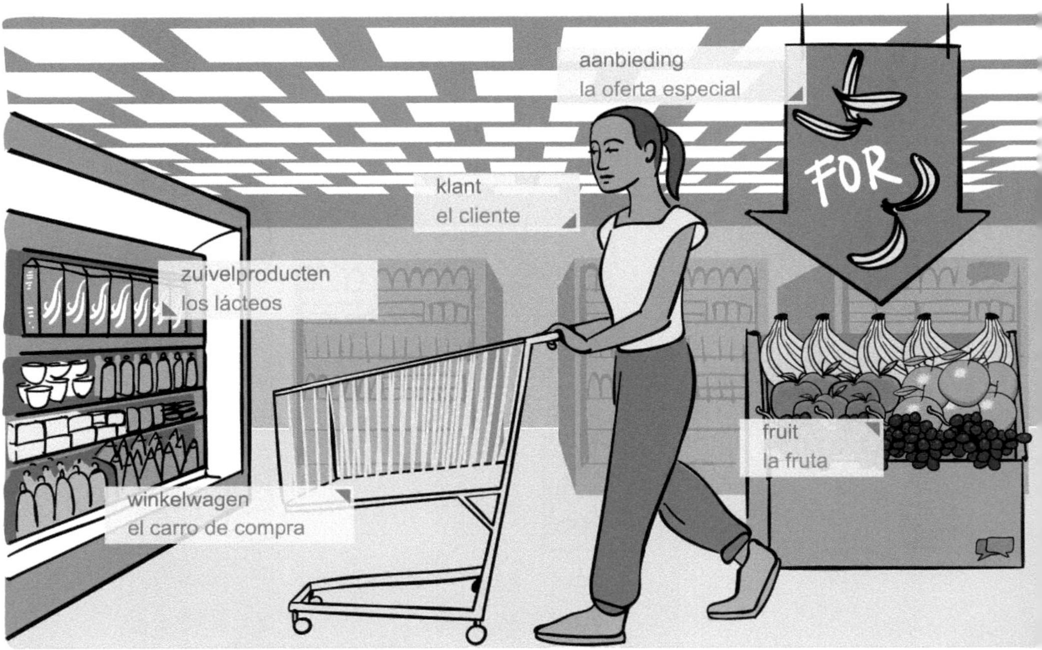

aanbieding
la oferta especial

klant
el cliente

zuivelproducten
los lácteos

fruit
la fruta

winkelwagen
el carro de compra

slagerij	bakkerij	wegen
la carniceria	la panadería	pesar
	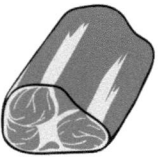	
groenten	vlees	diepvriesvoedsel
las verduras	la carne	los alimentos congelados

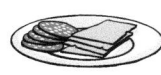

charcuterie
los fiambres

conserven
las conservas

waspoeder
el detergente en polvo

snoep
los dulces

huishoudproducten
productos de uso doméstico

schoonmaakproducten
productos de limpieza

verkoopster
la vendedora

kassa
la caja de cartón

kassier
el cajero

boodschappenlijstje
la lista de la compra

openingstijden
el horario de atención al
público

portefeuille
la cartera

kredietkaart
la tarjeta de crédito

tas
la bolsa de plástico

plastieken zakje
la bolsa de plástico

water
el agua

sap
el zumo

melk
la leche

cola
la cola

wijn
el vino

bier
la cerveza

alcohol
el alcohol

cacao
el cacao

thee
el té

koffie
el café

espresso
el expreso

cappuccino
el capuchino

banaan

el plátano

appel

la manzana

sinaasappel

la naranja

meloen

el melón

citroen

el limón

wortel

la zanahoria

knoflook

el ajo

bamboe

el bambú

ajuin

la cebolla

champignon

el champiñón

noten

las avellanas

noodles

los fideos

spaghetti
las espagueti

rijst
el arroz

salade
la ensalada

frieten
las patatas fritas

gebakken aardappelen
las patatas fritas

pizza
la pizza

hamburger
la hamburguesa

sandwich
el sándwich

kalfslapje
el filete

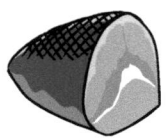

ham
el jamón

salami
le salami

worst
la salchicha

kip
el pollo

braden
el asado

vis
el pescado

havervlokken

los copos de avena

muesli

el muesli

cornflakes

los copos de maíz

bloem

la harina

croissant

el cruasán

pistolet

el panecillo

brood

el pan

toast

la tostada

koekjes

las galletas

boter

la mantequilla

kwark

la cuajada

taart

el pastel

ei

el huevo

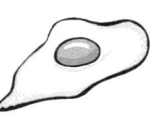

spiegelei

el huevo frito

kaas

el queso

ijs

el helado

suiker

el azúcar

honing

la miel

confituur

la mermelada

choco

la crema de turrón

curry

el curry

boerderij
la granja

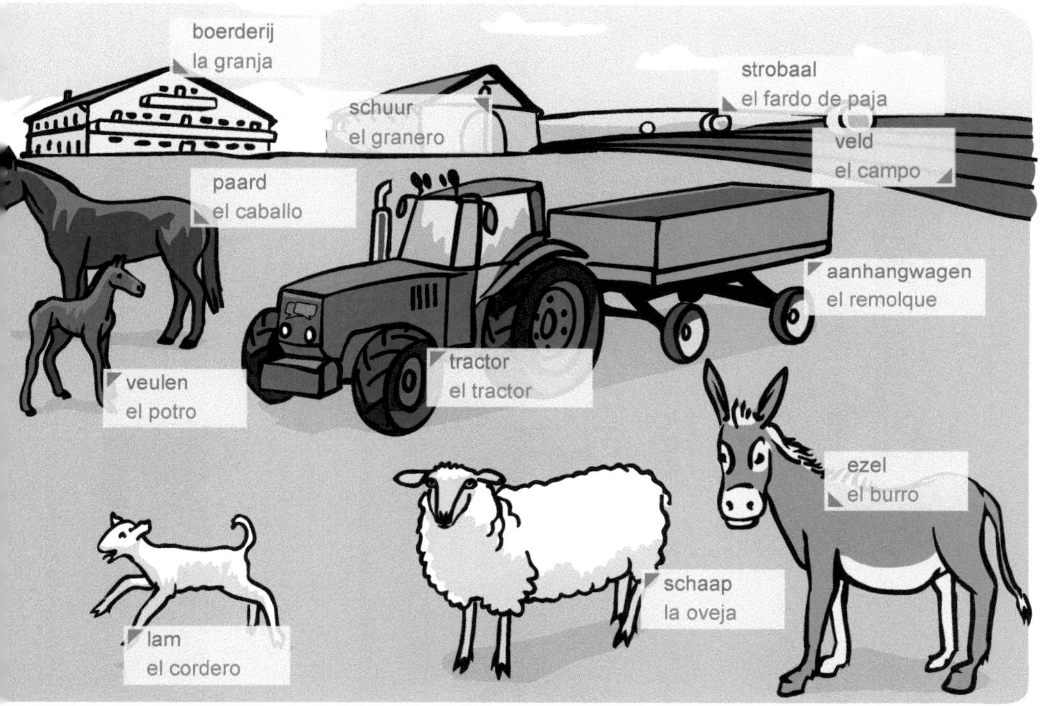
boerderij
la granja
schuur
el granero
strobaal
el fardo de paja
veld
el campo
paard
el caballo
aanhangwagen
el remolque
tractor
el tractor
veulen
el potro
ezel
el burro
schaap
la oveja
lam
el cordero

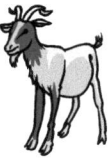

geit

la cabra

koe

la vaca

kalf

el ternero

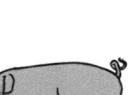

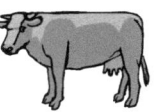

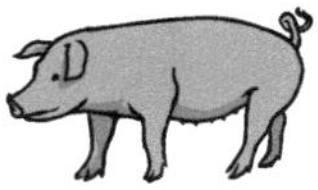

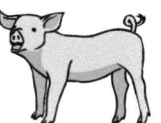

varken

el cerdo

biggetje

el cerdito

stier

el toro

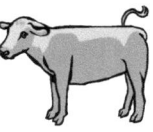

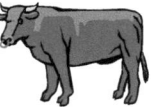

gans

el ganso

eend

el pato

kuiken

el pollo

kip

la gallina

haan

el gallo

rat

la rata

kat

el gato

muis

el ratón

os

el buey

hond

el perro

hondenhok

la perrera

tuinslang

la manguera

gieter

la regadera

zeis

la guadaña

ploeg

el arado

sikkel

la hoz

schoffel

la azada

hooivork

la horca

bijl

el hacha

kruiwagen

la carretilla

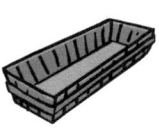

trog

el abrevadero

melkkan

la lechera

zak

el saco

hek

la valla

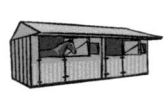

stal

el establo

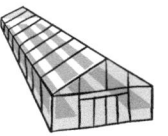

broeikas

el invernadero

bodem

el suelo

zaad

la semilla

mest

el fertilizador

maaidorser

la cosechadora

oogsten

cosechar

oogst

la cosecha

yam

el ñame

tarwe

el trigo

soja

el soja

aardappel

la patata

maïs

el maíz

koolzaad

la semilla de colza

fruitboom

el árbol frutal

maniok

la mandioca

graan

las cereales

huis

la casa

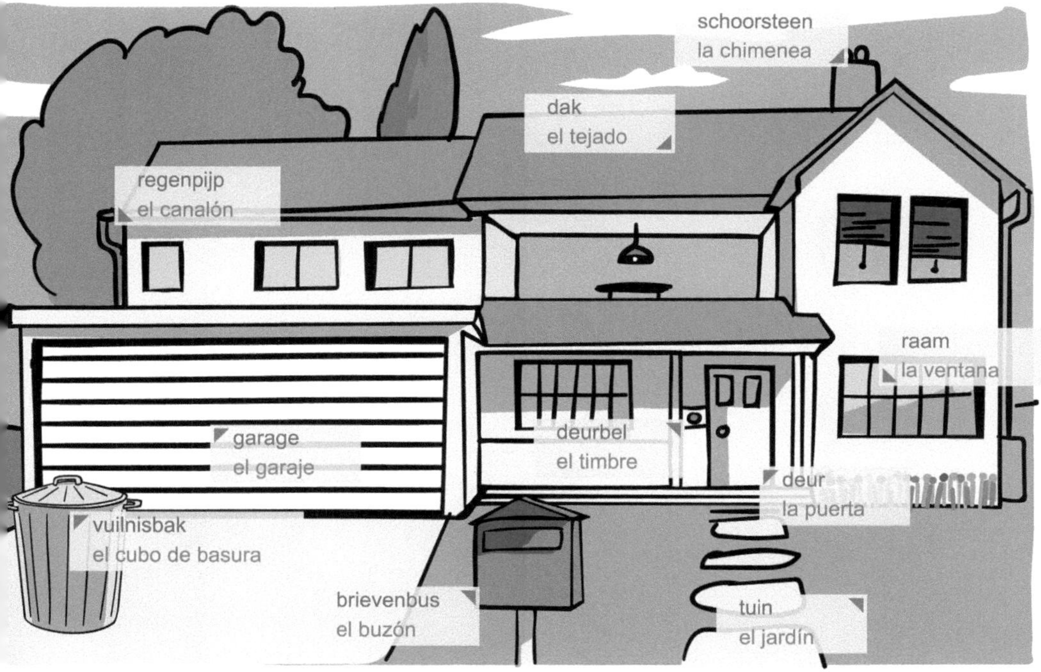
schoorsteen
la chimenea
dak
el tejado
regenpijp
el canalón
raam
la ventana
deurbel
el timbre
garage
el garaje
deur
la puerta
vuilnisbak
el cubo de basura
brievenbus
el buzón
tuin
el jardín

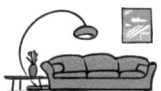

woonkamer

la sala

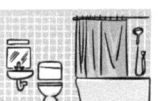

badkamer

el cuarto de baño

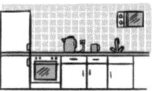

keuken

la cocina

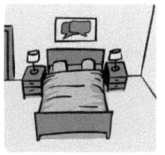

slaapkamer

el dormitorio

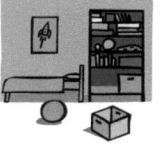

kinderkamer

la habitación de los niños

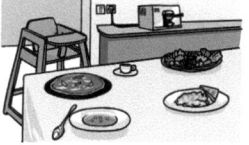

eetkamer

el comedor

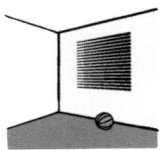

vloer
el suelo

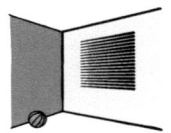

muur
la pared

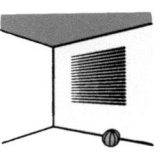

plafond
el techo

kelder
el sótano

sauna
la sauna

balkon
el balcón

terras
la terraza

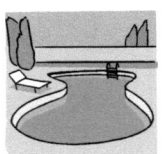

zwembad
la piscina

grasmaaier
el cortacésped

dekbedovertrek
la sábana

dekbed
la colcha

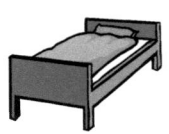

bed
la cama

bezem
la escoba

emmer
el balde

schakelaar
el interruptor

woonkamer
la sala

behangpapier
el papel pintado
foto
la imagen
lamp
la lámpara
schap
el estante
kast
el armario
televisie
la televisión
open haard
la chimenea
bloem
la flor
kussen
el cojín
sofa
el sofá
vaas
el jarrón
afstandsbediening
el mando a distancia

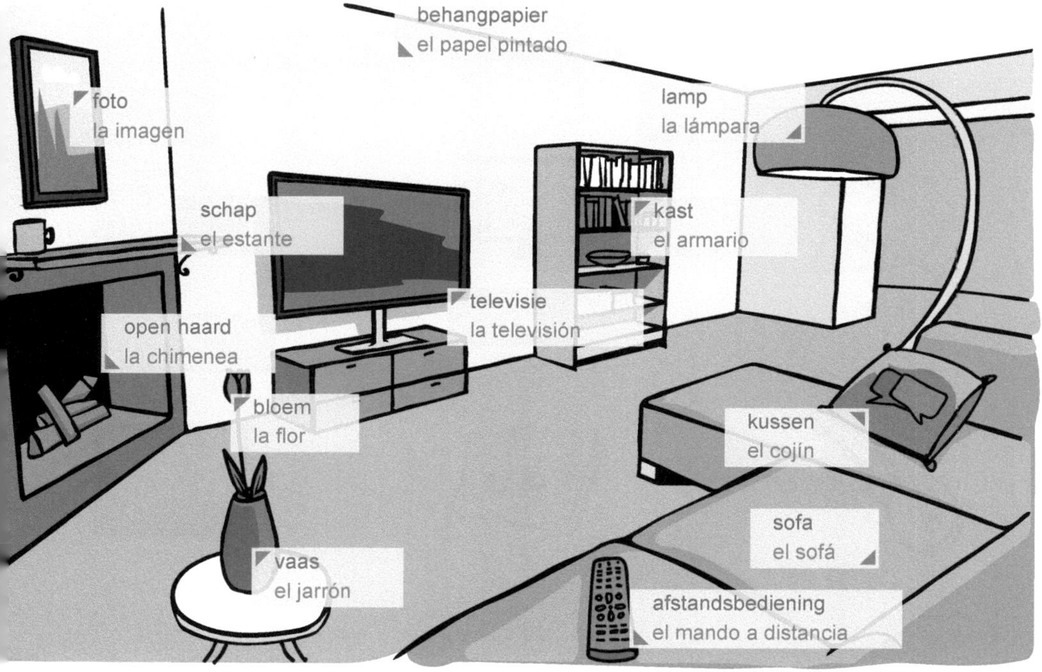

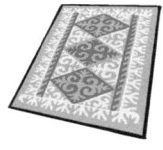

mat

la alfombra

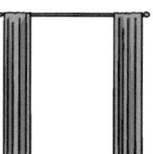

gordijn

la cortina

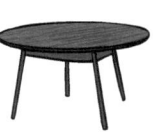

tafel

la mesa

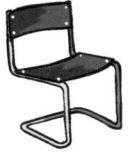

stoel

la silla

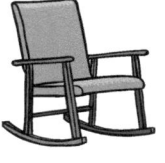

schommelstoel

el mecedora

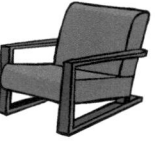

fauteuil

la butaca

boek
el libro

deken
la manta

decoratie
la decoración

brandhout
la leña

film
la película

stereo-installatie
el equipo de música

sleutel
la llave

krant
el periódico

schilderij
la pintura

poster
el póster

radio
la radio

notitieboekje
el cuaderno

stofzuiger
la aspiradora

cactus
el cactus

kaars
la vela

keuken
la cocina

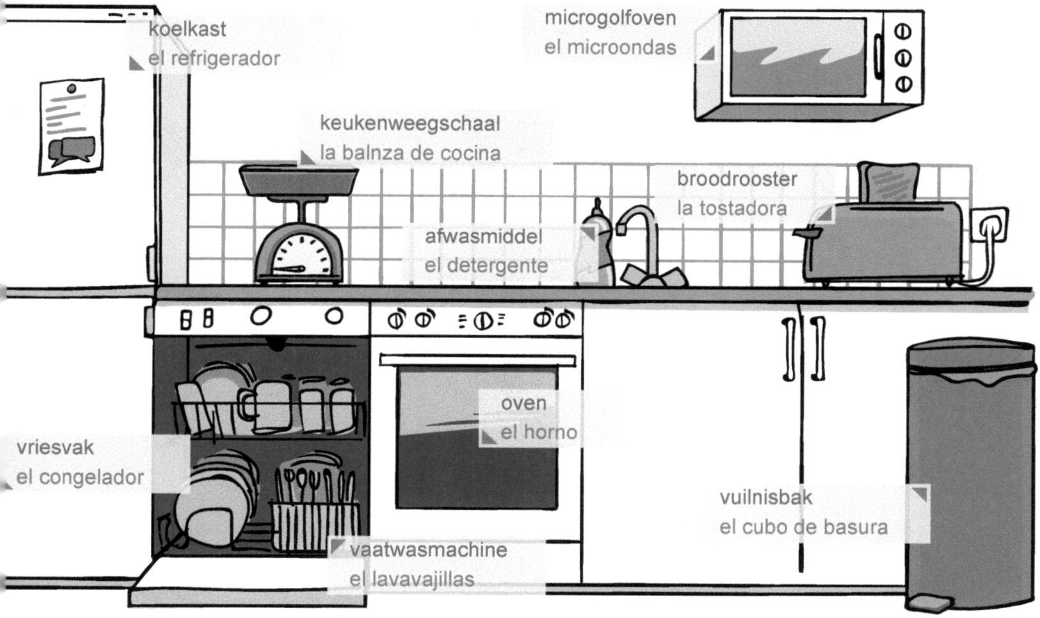

koelkast
el refrigerador
microgolfoven
el microondas
keukenweegschaal
la balnza de cocina
broodrooster
la tostadora
afwasmiddel
el detergente
oven
el horno
vriesvak
el congelador
vuilnisbak
el cubo de basura
vaatwasmachine
el lavavajillas

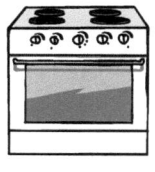

fornuis

la olla a presión

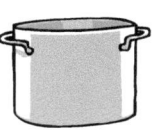

pot

la olla

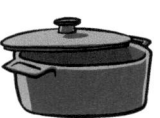

gietijzeren pot

la olla de hierro fundido

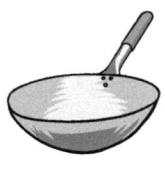

wok / kadai

el wok

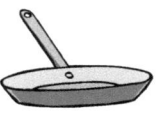

pan

la cazuela

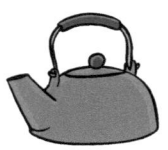

waterkoker

el hervidor

stoomkoker

la vaporera

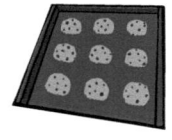

bakplaat

la chapa de horno

servies

la vajilla

mok

la taza

kom

el tazón

eetstokjes

los palillos

pollepel

el cucharón

spatel

la espumadera

garde

el batidor

vergiet

el colador

zeef

el cedazo

rasp

el rallador

mortier

el mortero

barbecue

la barbacoa

haardvuur

la hoguera

snijplank

la tabla de picar

deegrol

el rodillo

kurkentrekker

el sacacorchos

blik

la lata

blikopener

el abrelatas

pannenlap

el agarrador

gootsteen

el lavabo

borstel

el cepillo

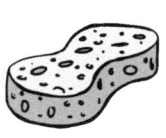

spons

la esponja

blender

la batidora

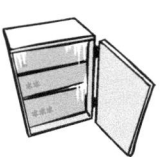

vriezer

el congelador

papfles

el biberón

kraan

el grifo

badkamer
el cuarto de baño

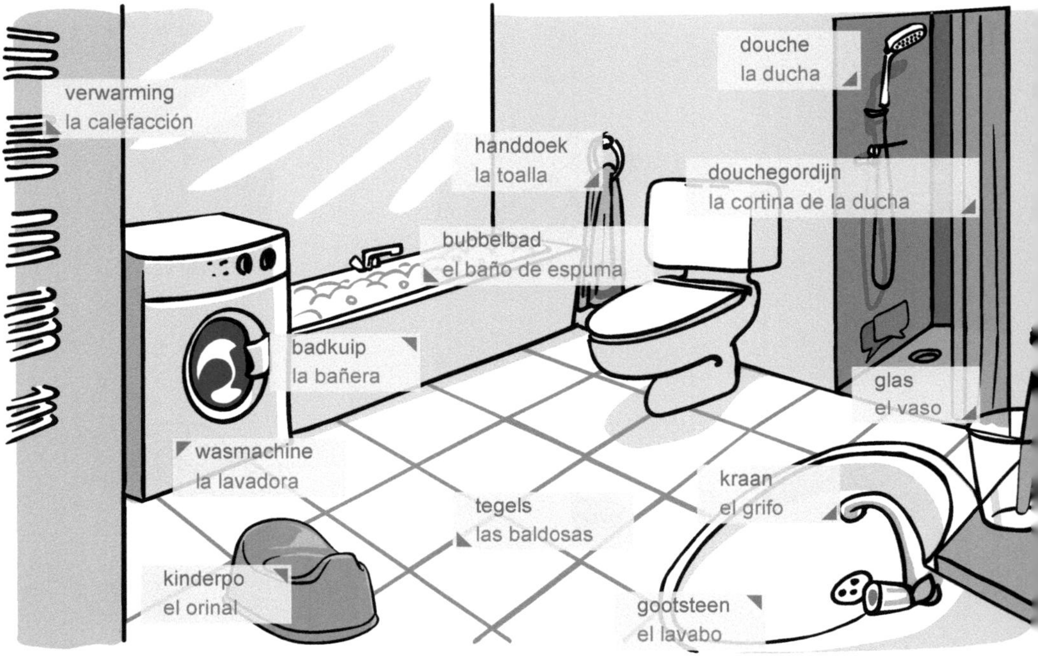

verwarming
la calefacción
handdoek
la toalla
douche
la ducha
douchegordijn
la cortina de la ducha
bubbelbad
el baño de espuma
badkuip
la bañera
glas
el vaso
wasmachine
la lavadora
kraan
el grifo
tegels
las baldosas
kinderpo
el orinal
gootsteen
el lavabo

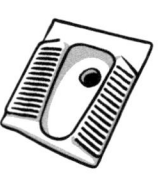

toilet

el inodoro

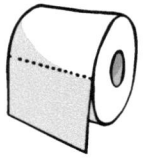

hurktoilet

el inodoro rústico

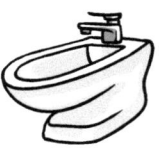

bidet

el bidé

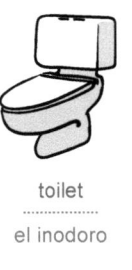

urinoir

el urinario

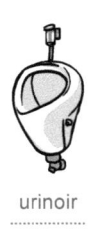

toiletpapier

el papel higiénico

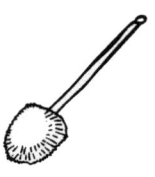

toiletborstel

la escobilla del váter

tandenborstel

el cepillo de dientes

tandpasta

la pasta de dientes

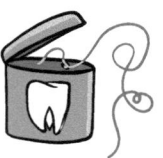

flosdraad

el hilo dental

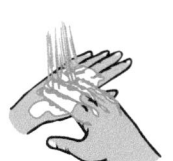

wassen

lavar

handdouche

la ducha de mano

bidethanddouche

la ducha íntima

waskom

la pila

rugborstel

el cepillo de espalda

zeep

el jabón

douchegel

el gel de ducha

shampoo

el champú

washandje

la toallita

afvoer

el desagüe

crème

la crema

deodorant

el desodorante

spiegel

el espejo

handspiegel

el espejo de tocador

scheermes

la maquinilla de afeitar

scheerschuim

la espuma de afeitar

aftershave

la loción postafeitado

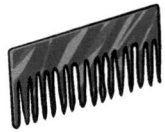

kam

el peine

borstel

el cepillo

haardroger

el secador

haarlak

la laca

make-up

el maquillaje

lippenstift

el pintalabios

nagellak

el pintauñas

watten

el algodón

nagelknipper

el cortauñas

parfum

el perfume

toilettas
....
el estuche de viaje

kruk
....
la banqueta

weegschaal
....
la balanza

badjas
....
el albornoz

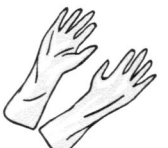

latex handschoenen
....
los guantes de goma

tampon
....
el tampón

maandverband
....
la compresa

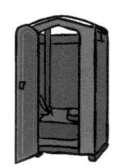

chemisch toilet
....
el inodoro químico

kinderkamer
la habitación de los niños

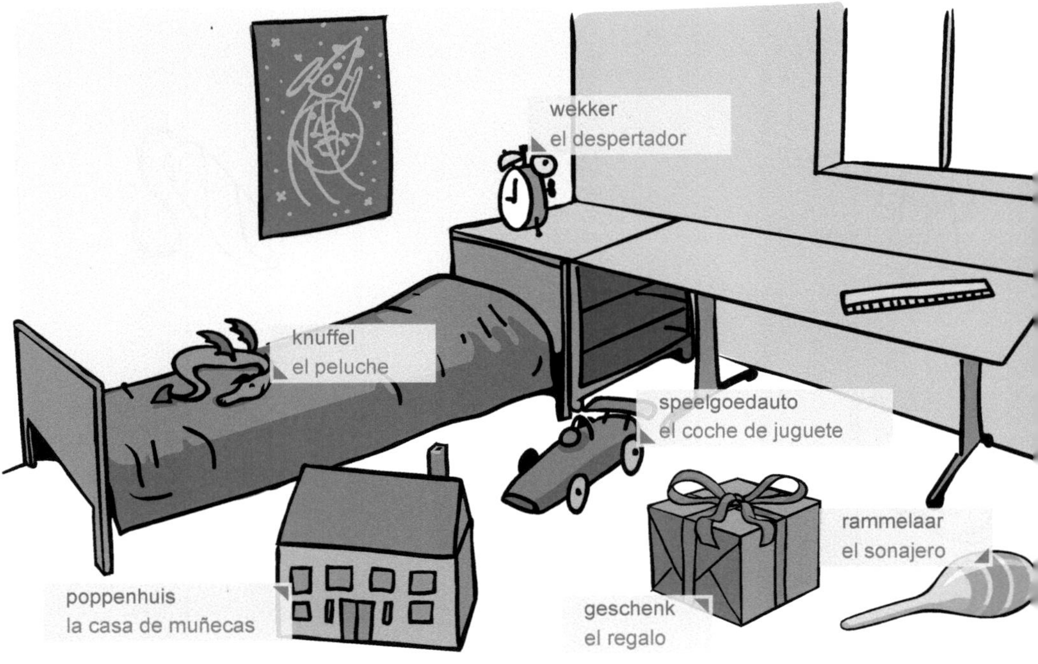

wekker
el despertador
knuffel
el peluche
speelgoedauto
el coche de juguete
rammelaar
el sonajero
poppenhuis
la casa de muñecas
geschenk
el regalo

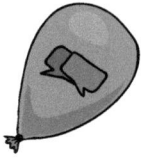

ballon

el globo

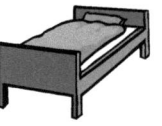

bed

la cama

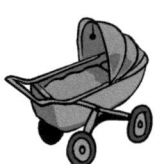

kinderwagen

el coche de niño

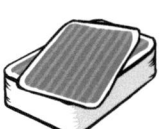

spel kaarten

los naipes

puzzel

el puzle

SUPER MEGA

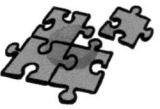

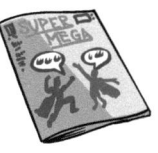

stripboek

el tebeo

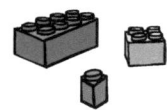

legoblokjes

las piezas de lego

blokken

los bloques de juguete

actiefiguur

la figura de acción

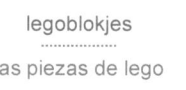

kruippakje

el bodi (de bebé)

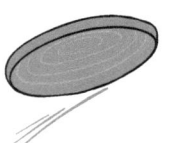

frisbee

el frisbee

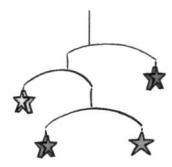

mobiel

el colgador móvil para bebés

bordspel

el juego de mesa

dobbelsteen

los dados

modelspoorweg

el circuito de tren eléctrico

fopspeen

el maniquí

feest

la fiesta

prentenboek

el álbum de fotos

bal

la pelota

pop

la muñeca

spelen

jugar

zandbak

el cajón de arena

schommel

el columpio

speelgoed

los juguetes

spelconsole

la videoconsola

driewieler

el triciclo

knuffelbeer

el oso de peluche

kleerkast

la guardarropa

kleding

la ropa

sokken

los calcetines

kousen

las medias

maillot

los leotardos

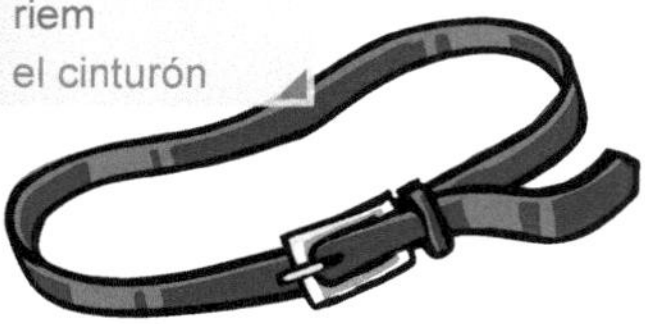

sjaal
la bufanda

paraplu
el paraguas

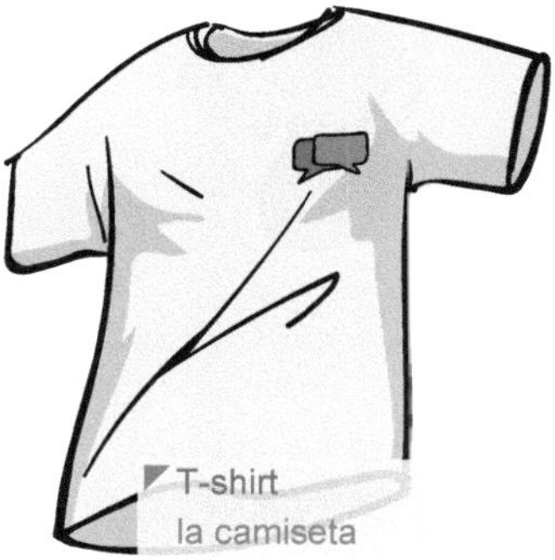

riem
el cinturón

T-shirt
la camiseta

sneakers
las deportivas

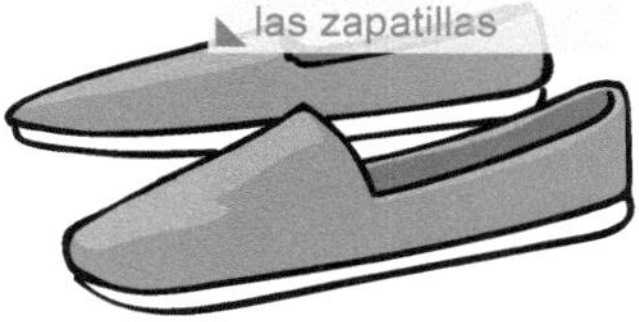

laarzen
las botas

slippers
las zapatillas

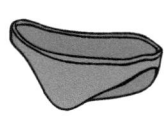

sandalen
las sandalias

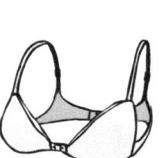

schoenen
los zapatos

rubberlaarzen
las botas de goma

onderbroek
el slip

beha
el sostén

onderhemd
el chaleco

lichaam

el bodi

broek

los pantalones cortos

jeans

los vaqueros

rok

la falda

blouse

la blusa

hemd

la camisa

trui

el jersey

capuchontrui

el suéter

blazer

el blazer

jas

la chaqueta

jas

el abrigo

regenjas

la gabardina

kostuum

el traje

jurk

el vestido

trouwjurk

el vestido de novia

pak
....
el traje

nachthemd
....
el camisón

pyjama
....
el pijama

sari
....
el sati

hoofddoek
....
el bandana

tulband
....
el turbante

boerka
....
la burka

kaftan
....
el caftán

abaya
....
la abaya

badpak
....
el traje de baño

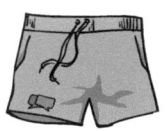

zwembroek
....
el bañador

short
....
los pantalones cortos

trainingspak
....
el chándal

schort
....
el delantal

handschoenen
....
los guantes

knoop
el botón

bril
las gafas

armband
el brazalete

ketting
el collar

ring
el anillo

oorbel
el pendiente

pet
la gorra

kapstok
la percha

hoed
el sombrero

das
la corbata

rits
la cremallera

helm
el casco

bretellen
los tirantes

schooluniform
el uniforme

uniform
el uniforme

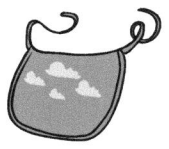

slabbetje

el babero

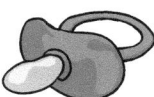

fopspeen

el maniquí

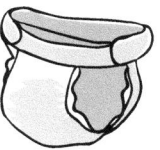

luier

el pañal

kantoor
la oficina

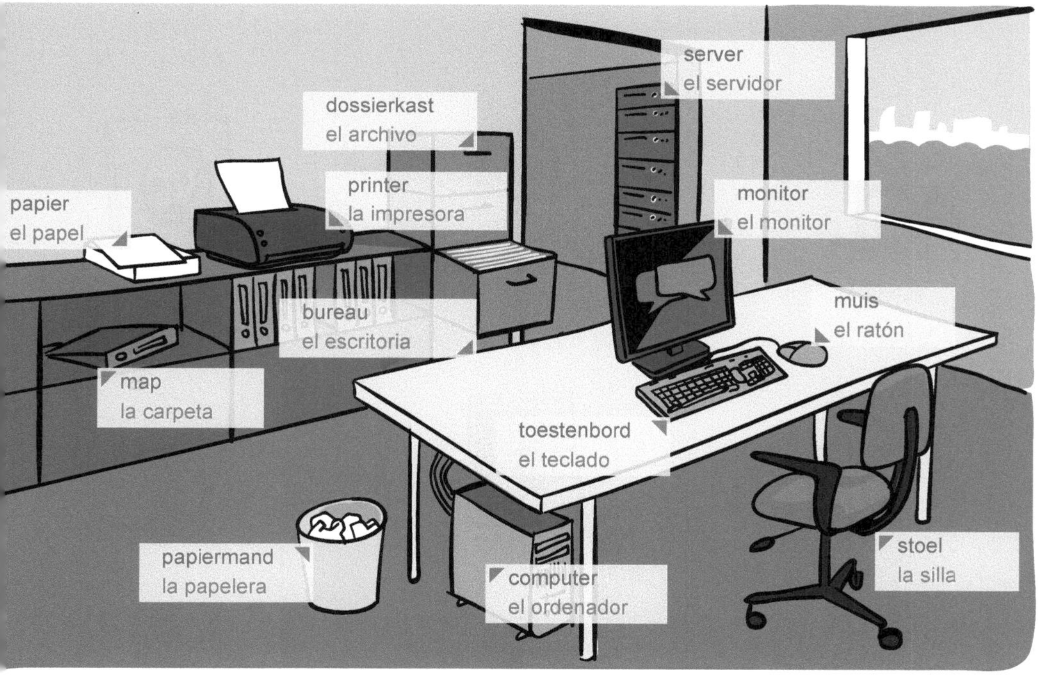
server
el servidor
dossierkast
el archivo
papier
el papel
printer
la impresora
monitor
el monitor
muis
el ratón
bureau
el escritoria
map
la carpeta
toestenbord
el teclado
papiermand
la papelera
computer
el ordenador
stoel
la silla

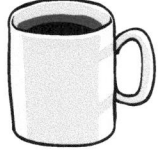

koffiemok

la taza de café

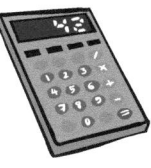

rekenmachine

la calculadora

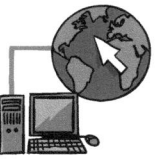

internet

el internet

laptop

el portátil

brief

la carta

bericht

el mensaje

gsm

el móvil

netwerk

la red

kopieerapparaat

la fotocopiadora

software

el software

telefoon

el teléfono

stopcontact

la toma de corriente

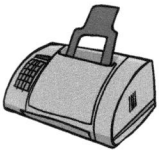

fax

el fax

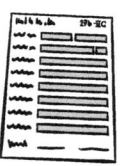

formulier

el formulario

document

el documento

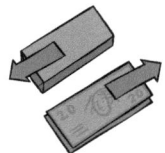

kopen

comprar

betalen

pagar

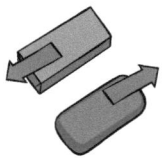

handelen

comerciar

geld

el dinero

**USD**

dollar

el dólar

**EUR**

euro

el euro

**JPY**

yen

el yen

**RUB**

roebel

el rublo

**CHF**

Zwitserse frank

el franco suizo

**CNY**

Chinese renminbi

el renminbi yuan

**INR**

roepie

la rupia

geldautomaat

el cajero automático

wisselkantoor

la oficina de cambio de divisas

goud

el oro

zilver

la plata

olie

el petróleo

energie

la energía

prijs

el precio

contract

el contrato

belasting

el impuesto

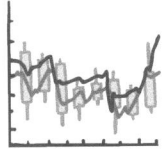

aandeel

la acción

werken

trabajar

werknemer

el empleador

werkgever

el empleador

fabriek

la fábrica

winkel

la tienda de campaña

economie - la economía

beroepen
los oficios

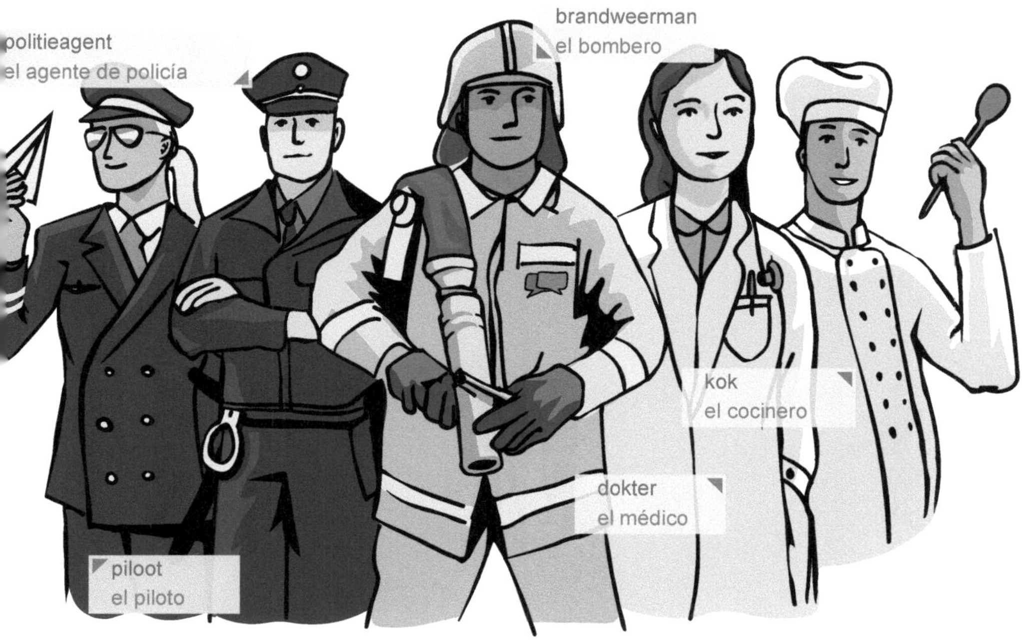
politieagent
el agente de policía
brandweerman
el bombero
kok
el cocinero
dokter
el médico
piloot
el piloto

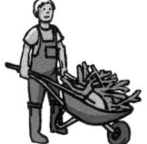

tuinman

el jardinero

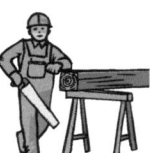

timmerman

el carpintero

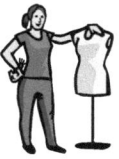

naaister

la costurera

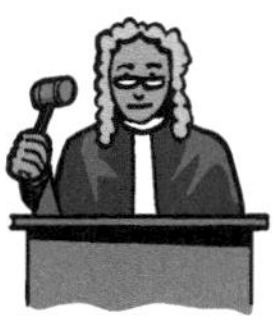

rechter

el juez

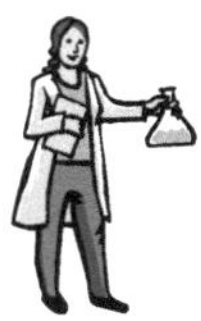

chemicus

el farmacéutico

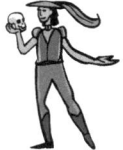

acteur

el actor

buschauffeur

el conductor de autobús

taxichauffeur

el taxista

visser

el pescador

schoonmaakster

la señora de la limpieza

dakdekker

el techador

ober

el camarero

jager

el cazador

schilder

el pintor

bakker

el panadero

elektricien

el electricista

bouwvakker

el obrero

ingenieur

el ingeniero

slager

el carnicero

loodgieter

el fontanero

postbode

el cartero

soldaat

el soldado

architect

el arquitecto

kassier

el cajero

bloemist

el florista

kapper

el peluquero

conducteur

el revisor

mecanicien

el mecánico

kapitein

el capitán

tandarts

el dentista

wetenschapper

el científico

rabbijn

el rabino

imam

el imán

monnik

el monje

geestelijke

el sacerdote

werktuigen
las herramientas

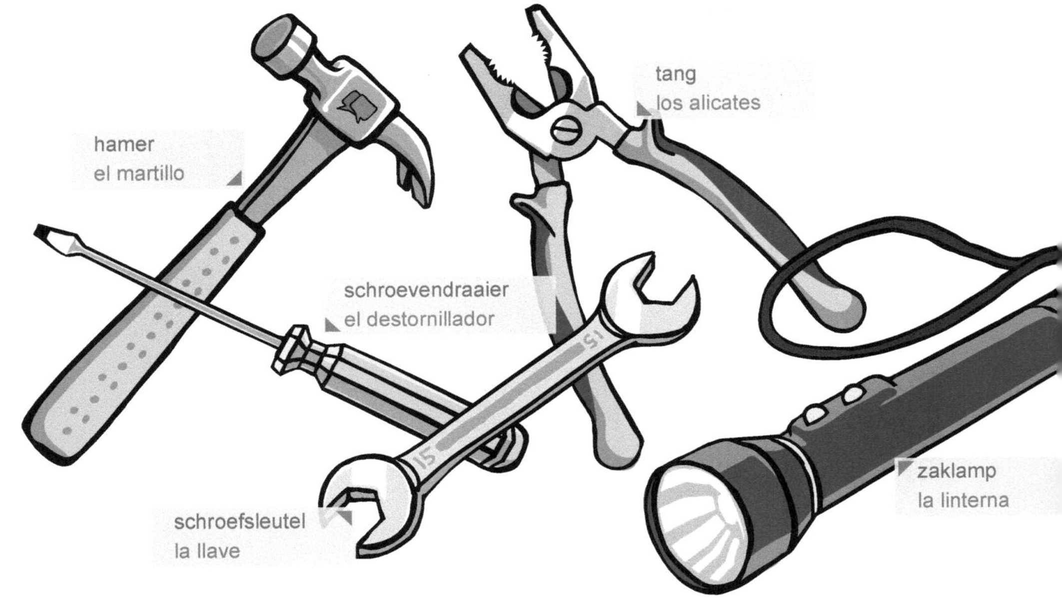
tang
los alicates
hamer
el martillo
schroevendraaier
el destornillador
zaklamp
la linterna
schroefsleutel
la llave

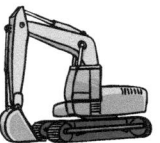

graafmachine

la excavadora

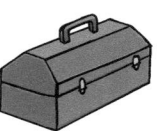

gereedschapskoffer

la caja de herramientas

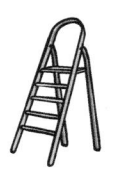

ladder

la escalera de mano

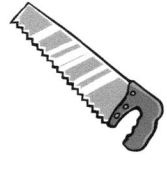

zaag

la sierra

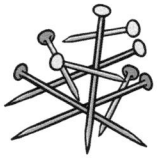

spijkers

los clavos

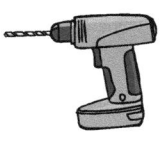

boormachine

el taladro

repareren
reparar

schop
la pala

Verdomme!
¡Maldita sea!

blik
el recogedor

verfpot
el bote de pintura

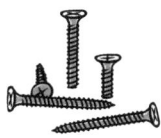

schroeven
los tornillos

muziekinstrumenten
los instrumentos musicales

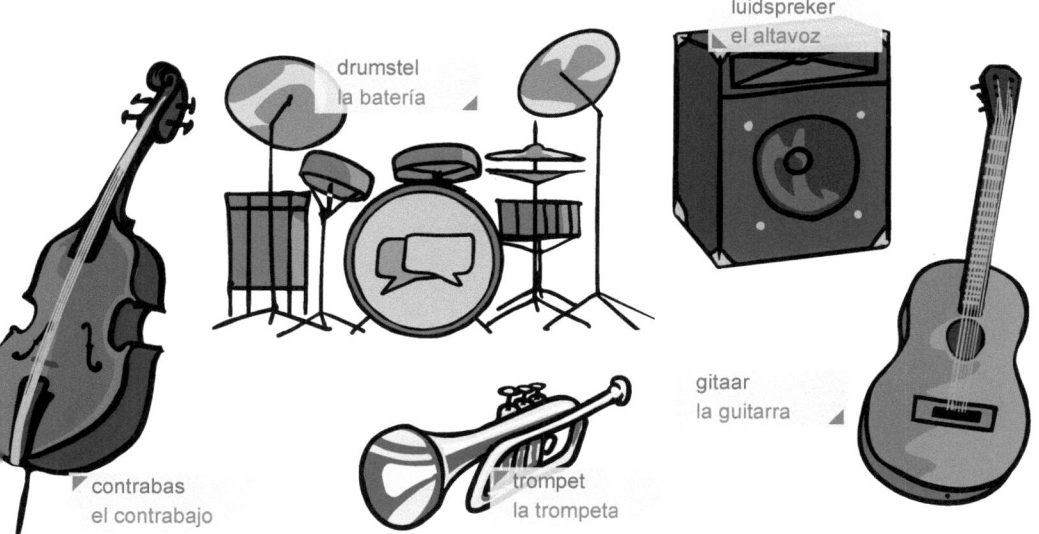

luidspreker
el altavoz

drumstel
la batería

gitaar
la guitarra

contrabas
el contrabajo

trompet
la trompeta

piano
el piano

viool
el violín

basgitaar
bajo

pauk
los timbales

trommels
el tambor

keyboard
el teclado

saxofoon
el saxofón

fluit
la flauta

microfoon
el micrófono

tijger
el tigre

ingang
la entrada

kooi
la jaula

zebra
la cebra

diereneten
el pienso

panda
el panda

dieren

los animales

olifant

el elefante

kangoeroe

el canguro

neushoorn

el rinoceronte

gorilla

el gorila

beer

el oso

kameel

el camello

struisvogel

el avestruz

leeuw

el león

aap

el mono

flamingo

el flamingo

papegaai

el loro

ijsbeer

el oso polar

pinguïn

el pingüino

haai

el tiburón

pauw

el pavo real

slang

la serpiente

krokodil

el cocodrilo

dierenverzorger

el guardián de zoológico

zeehond

la foca

jaguar

el jaguar

pony
el poni

luipaard
el leopardo

nijlpaard
el hipopótamo

giraffe
la jirafa

adelaar
el águila

wild zwijn
el jabalí

vis
el pescado

zeeschildpad
la tortuga

walrus
la morsa

vos
el zorro

gazelle
la gacela

rugby
el fútbol americano

wielrennen
el ciclismo

tennis
el tenis

basketbal
el baloncesto

zwemmen
la natación

boksen
el boxeo

ijshockey
el hockey sobre hielo

voetbal
el fútbol

badminton
el bádminton

atletiek
el atletismo

handbal
el balonmano

skiën
el esquí

polo
el polo

activiteiten

las actividades

lachen
reír
springen
saltar
knuffelen
abrazar
wandelen
caminar
zingen
cantar
dromen
soñar
bidden
rezar
kussen
besar

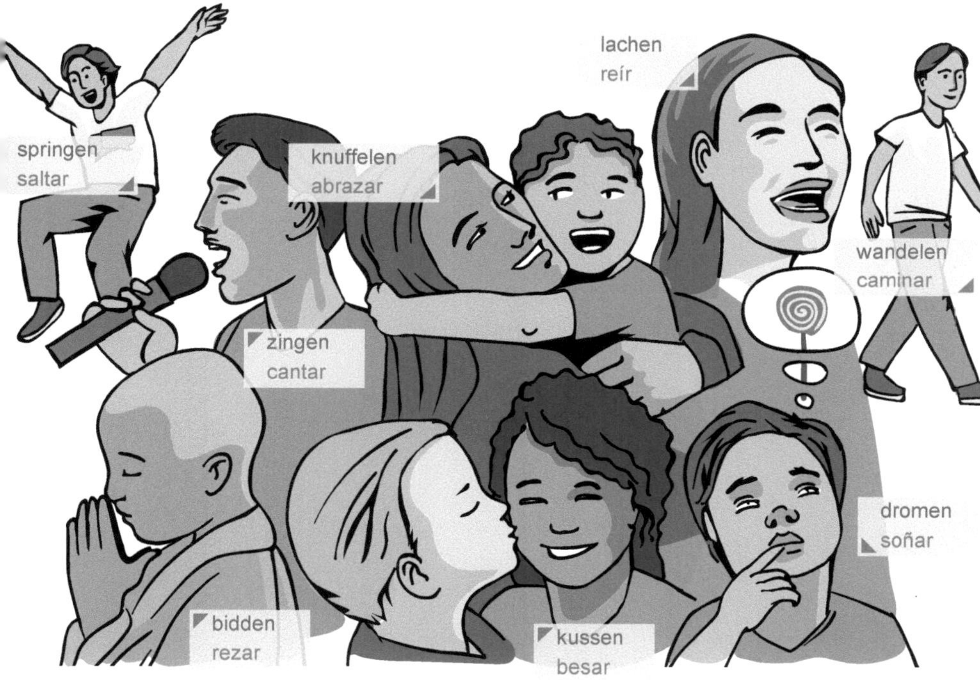

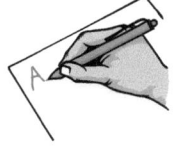

schrijven

escribir

tekenen

dibujar

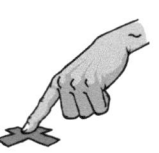

tonen

mostrar

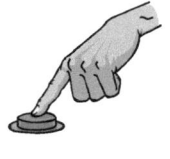

duwen

empujar

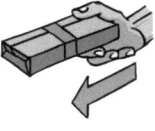

geven

dar

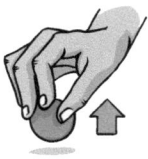

nemen

tomar

hebben

tener

doen

hacer

zijn

ser

staan

estar de pie

lopen

correr

trekken

tirar

gooien

tirar

vallen

caer

liggen

yacer

wachten

esperar

dragen

llevar

zitten

estar sentado

aankleden

vestirse

slapen

dormir

ontwaken

despertar

kijken naar

mirar

wenen

llorar

aaien

acariciar

kammen

peinar

praten

hablar

begrijpen

entender

vragen

preguntar

luisteren

escuchar

drinken

beber

eten

comer

opruimen

ordenar

houden van

amar

koken

cocinar

rijden

conducir

vliegen

volar

zeilen

navegar

rekenen

calcular

Lezen

leer

leren

aprender

werken

trabajar

trouwen

casarse

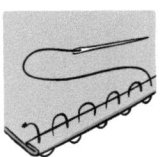

naaien

coser

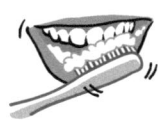

tandenpoetsen

cepillarse los dientes

doden

matar

roken

fumar

sturen

enviar

grootmoeder
la abuela

grootvader
el abuelo

vader
el padre

moeder
la madre

baby
el bebé

dochter
la hija

zoon
el hijo

gast

el invitado

tante

la tía

oom

el tío

broer

el hermano

zus

la hermana

lichaam

el cuerpo

voorhoofd
la frente
oog
el ojo
schouder
el hombro
vinger
el dedo
gezicht
la cara
kin
la barbilla
hand
la mano
been
la pierna
borst
el pecho
arm
el brazo

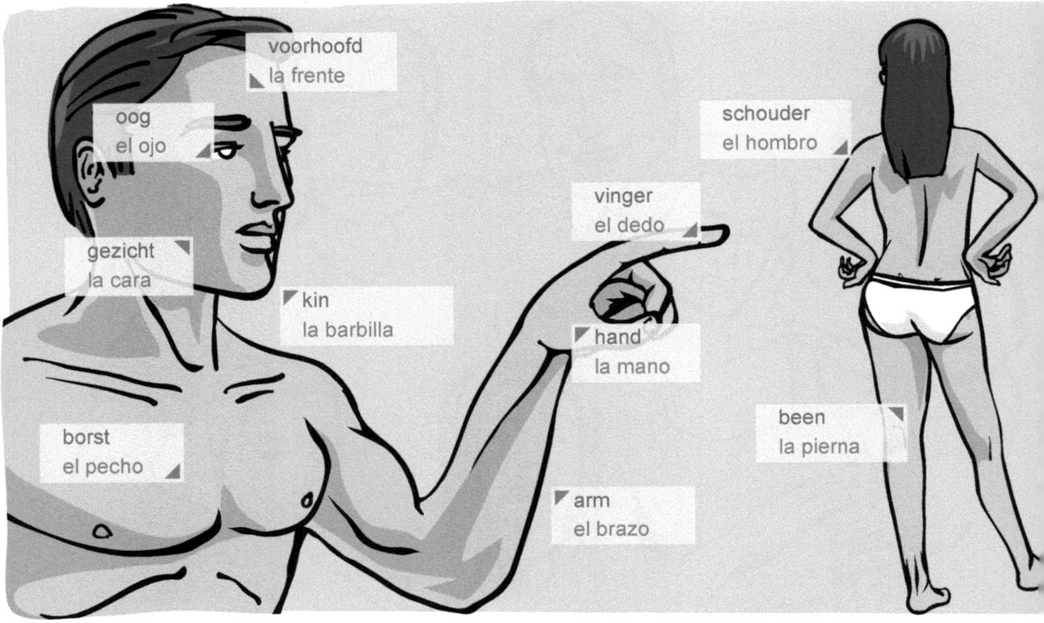

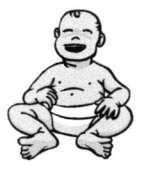

baby
el bebé

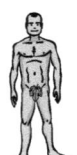

man
el hombre

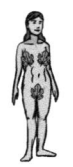

vrouw
la mujer

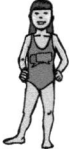

meisje
la chica

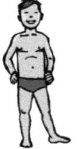

jongen
el chico

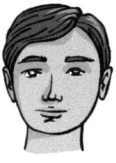

hoofd
la cabeza

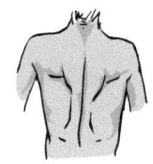

rug
la espalda

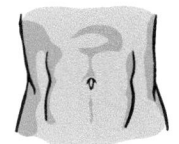

buik
el vientre

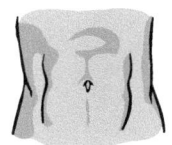

navel
el ombligo

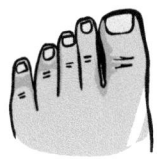

teen
el dedo del pie

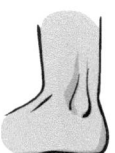

hiel
el talón

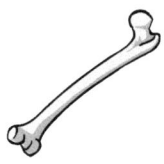

bot
el hueso

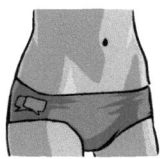

heup
la cadera

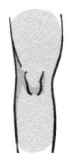

knie
la rodilla

elleboog
el codo

neus
la nariz

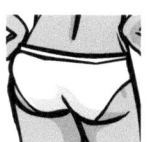

zitvlak
el trasero

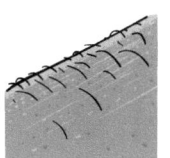

huid
la piel

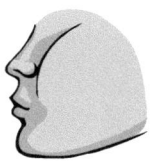

wang
la mejilla

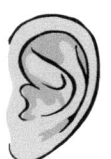

oor
el oído

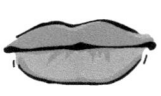

lip
el labio

mond
....
la boca

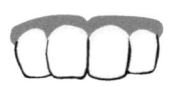

tand
....
el diente

tong
....
la lengua

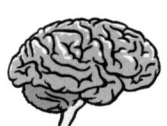

hersenen
....
el cerebro

hart
....
el corazón

spier
....
el músculo

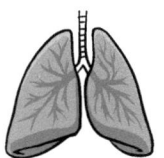

long
....
el pulmón

lever
....
el hígado

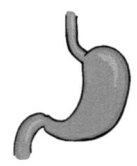

maag
....
el estómago

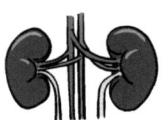

nieren
....
los riñones

seks
....
el sexo

condoom
....
el condón

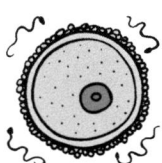

eicel
....
el ovario

sperma
....
el semen

zwangerschap
....
el embarazo

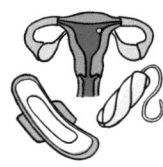

menstruatie
la menstruación

vagina
la vagina

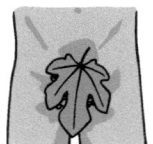

penis
el pene

wenkbrauw
la ceja

haar
el pelo

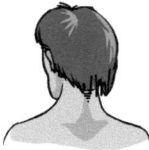

nek
el cuello

ziekenhuis
el hospital

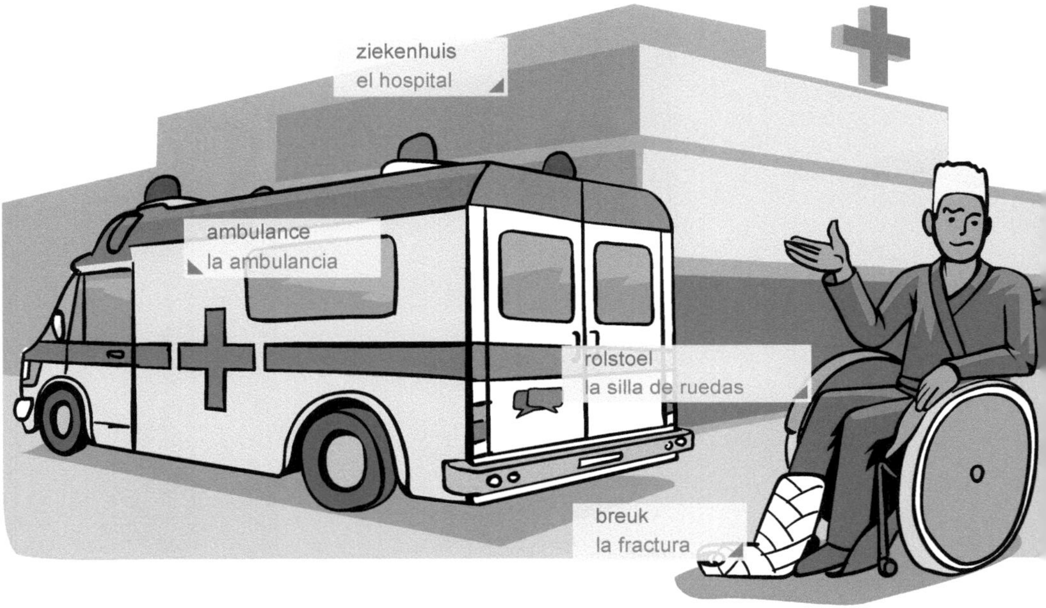

ziekenhuis
el hospital
ambulance
la ambulancia
rolstoel
la silla de ruedas
breuk
la fractura

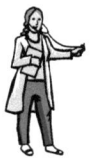

dokter

el médico

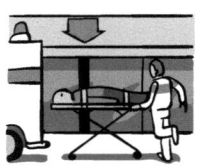

spoed

la sala de urgencias

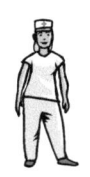

verpleegkundige

la enfermera

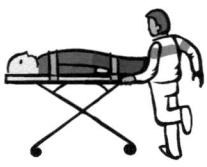

noodgeval

la urgencia

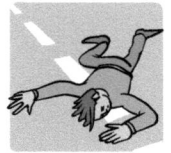

bewusteloos

inconsciente

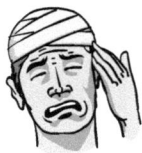

pijn

el dolor

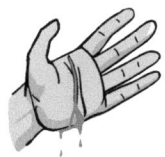

verwonding
la lesión

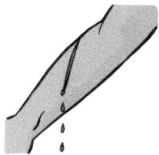

bloeding
la hemorragia

hartaanval
el infarto

beroerte
el ictus

allergie
la alergia

hoest
la tos

koorts
la fiebre

griep
la gripe

diarree
la diarrea

hoofdpijn
el dolor de cabeza

kanker
el cáncer

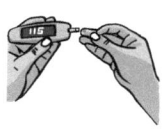

diabetes
la diabetes

chirurg
el cirujano

scalpel
el bisturí

operatie
la operación

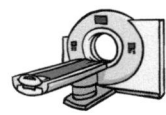

CT
TAC

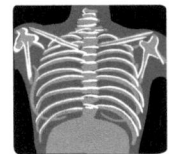

röntgenstraal
los rayos x

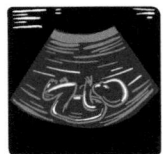

ultrageluid
el ultrasonido

gezichtsmasker
la mascarilla

ziekte
la enfermedad

wachtkamer
la sala de espera

kruk
la muleta

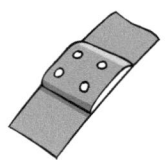

pleister
la tirita

verband
la venda

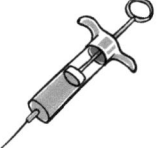

injectie
la inyección

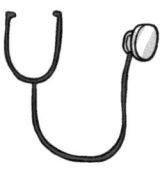

stethoscoop
el estetoscopio

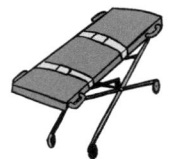

brancard
la camilla

thermometer
el termómetro

geboorte
el nacimiento

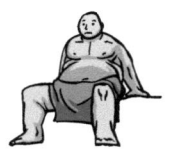

overgewicht
el sobrepeso

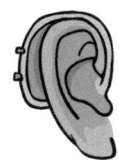

hoorapparaat
el audífono

ontsmettingsmiddel
el desinfectante

infectie
la infección

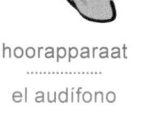

virus
el virus

HIV / AIDS
VIH / SIDA

medicijn
la medicina

vaccinatie
la vacunación

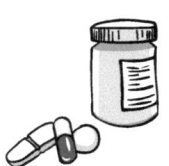

tabletten
las tabletas

pil
la pastilla

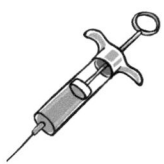

noodoproep
la llamada de urgencia

bloeddrukmeter
el tensiómetro

ziek / gezond
enfermo / sano

Help!

¡Socorro!

alarm

la alarma

overval

el asalto

aanval

el ataque

gevaar

el peligro

nooduitgang

la salida de emergencia

Brand!

¡Fuego!

brandblusser

el extintor de incendios

ongeval

el accidente

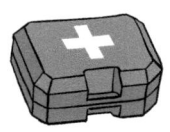

EHBO-kit

el botiquín de primeros auxilios

SOS

SOS

politie

la policía

Europa

Europa

Noord-Amerika

Norteamérica

Zuid-Amerika

Sudamérica

Afrika

África

Azië

Asia

Australië

Australia

Atlantische Oceaan

el atlántico

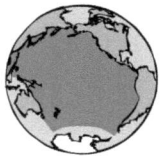

Stille Oceaan

el Pacífico

Indische Oceaan

el Océano Índico

Antarctische Oceaan

el Océano Antártico

Arctische Oceaan

el Océano Ártico

Noordpool

el polo norte

Zuidpool

el polo sur

Antarctica

La Antártida

aarde

la tierra

land

la tierra

zee

el mar

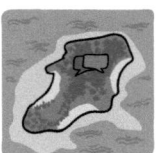

eiland

la isla

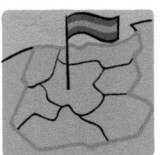

natie

la nación

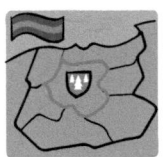

staat

el estado

wijzerplaat

la esfera

uurwijzer

la manecilla de las horas

minuutwijzer

el minutero

secondewijzer

el segundero

Hoe laat is het?

¿Qué hora es?

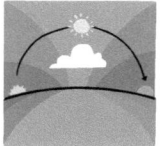

dag

el día

tijd

el tiempo

nu

.ahora

digitale horloge

el reloj digital

minuut

el minuto

uur

la hora

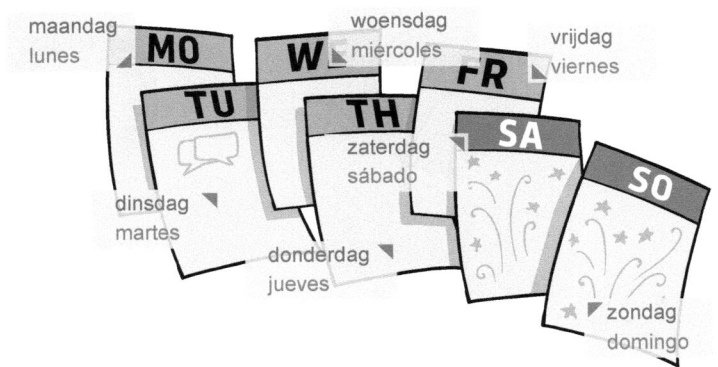

maandag
lunes
MO

woensdag
miércoles
W

vrijdag
viernes
FR

TU

TH

SA

dinsdag
martes

zaterdag
sábado

SO

donderdag
jueves

zondag
domingo

gisteren
ayer

vandaag
hoy

morgen
mañana

ochtend
la mañana

middag
el mediodía

avond
la tarde

werkdagen
los días laborables

weekend
el fin de semana

jaar
el año

regenboog
el arcoíris
regen
la lluvia
sneeuw
la nieve
wind
el viento
lente
la primavera
herfst
el otoño
zomer
el verano
winter
el invierno

4.APRIL 11°
5.APRIL 4°
6.APRIL 13°
7.APRIL 8°
8.APRIL 10°

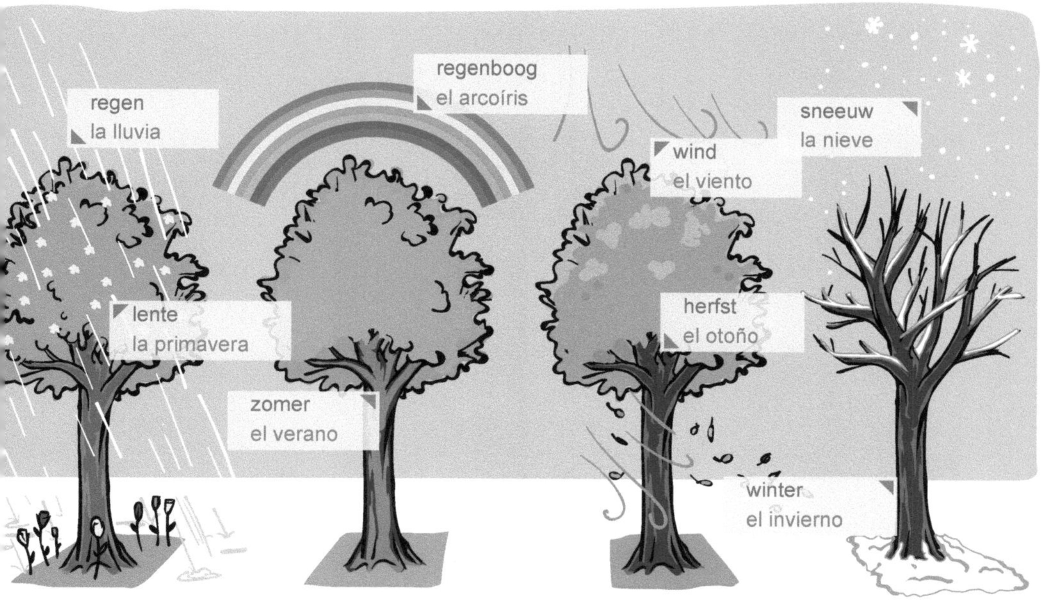

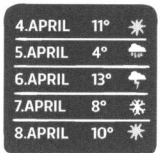

weervoorspelling

el pronóstico del tiempo

F
C
120
90
60
30
0
-30
40
30
20
10
0
-10
-20

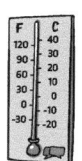

thermometer

el termómetro

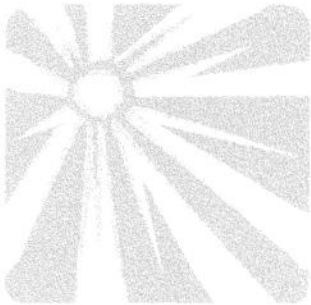

zonneschijn

el sol

wolk

la nube

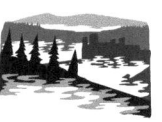

mist

la niebla

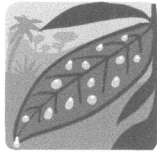

vochtigheid

la humedad

bliksem

el rayo

donder

el trueno

storm

la tormenta

hagel

el granizo

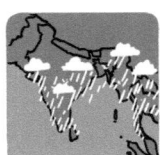

moesson

el monzón

overstroming

la inundación

ijs

el hielo

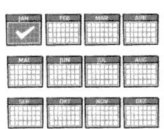

januari

enero

februari

febrero

maart

marzo

april

abril

mei

mayo

juni

junio

juli

julio

augustus

agosto

september
septiembre

oktober
octubre

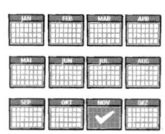

november
noviembre

december
diciembre

cirkel
el círculo

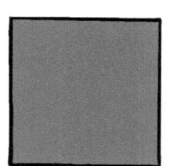

kwadraat
el cuadrado

rechthoek
el rectángulo

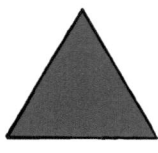

driehoek
el triángulo

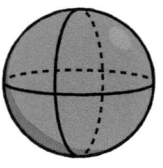

bol
la esfera

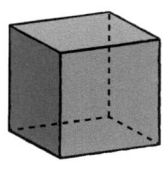

kubus
el cubo

kleuren
colores

wit

blanco

geel

amarillo

oranje

anaranjado

roze

rosa

rood

rojo

paars

morado

blauw

azul

groen

verde

bruin

marrón

grijs

gris

zwart

negro

veel / weinig

mucho / poco

boos / kalm

enojado / tranquilo

mooi / lelijk

bonito / feo

begin / einde

principio / fin

groot / klein

grande / pequeño

licht / donker

claro / oscuro

broer / zus

l hermano / la hermana

proper / vuil

limpio / sucio

volledig / onvolledig

completo / incompleto

dag / nacht

el día / la noche

dood / levend

muerto / vivo

breed / smal

ancho / estrecho

eetbaar / oneetbaar

comestible / no comestible

kwaadaardig / vriendelijk

malo / amable

opgewonden / verveeld

entusiasmado / aburrido

dik / dun

gordo / delgado

eerst / laatst

primero / último

vriend / vijand

el amigo / el enemigo

vol / leeg

lleno / vacío

hard / zacht

duro / blando

zwaar / licht

pesado / ligero

honger / dorst

el hambre / la sed

ziek / gezond

enfermo / sano

illegaal / legaal

ilegal / legal

intelligent / dom

inteligente / tonto

links / rechts

izquierda / derecha

dichtbij / veraf

cerca / lejos

nieuw / gebruikt

nuevo / usado

niets / iets

nada / algo

oud / jong

viejo / joven

aan / uit

encendido / apagado

open / dicht

abierto / cerrado

stil / luid

silencioso / ruidoso

rijk / arm

rico / pobre

juist / fout

correcto / incorrecto

ruw / glad

áspero / suave

droevig / blij

triste / contento

kort / lang

corto / largo

traag / snel

lento / rápido

nat / droog

húmedo / seco

warm / koud

cálido / frío

oorlog / vrede

guerra / paz

los números

0

nul

cero

1

één

uno

2

twee

dos

3

drie

tres

4

vier

cuatro

5

vijf

cinco

6

zes

seis

7

zeven

siete

8

acht

ocho

9

negen

nueve

10

tien

diez

11

elf

once

12

twaalf

doce

13

dertien

trece

14

veertien

catorce

15

vijftien

quince

16

zestien

dieciséis

17

zeventien

diecisiete

18

achtien

dieciocho

19

negentien

diecinueve

20

twintig

veinte

100

honderd

cien

1.000

duizend

mil

1.000.000

miljoen

el millón

Engels

el inglés

Amerikaans Engels

el inglés americano

Chinees (Mandarijn)

el chino madarín

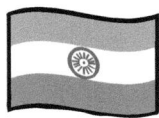

Hindi

el hindi

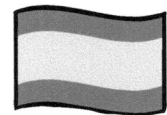

Spaans

el español

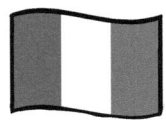

Frans

el francés

Arabisch

el árabe

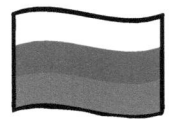

Russisch

el ruso

Portugees

el portugués

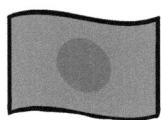

Bengali

el bengalí

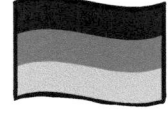

Duits

el alemán

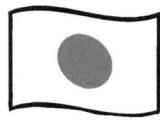

Japans

el japonés

ik
....
yo

u
....
tú

hij / zij / het
....
él / ella / ello

wij
....
nosotros/as

u
....
vosotros/as

ze
....
ellos/as

wie?
....
¿quién?

wat?
....
¿qué?

hoe?
....
¿cómo?

waar?
....
¿dónde?

wanneer?
....
¿cuándo?

naam
....
el nombre

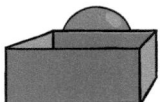

achter

detrás

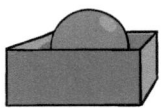

in

en

voor

delante de

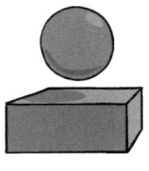

boven

por encima de

op

sobre

onder

debajo de

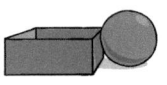

naast

junto a

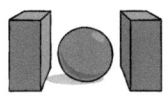

tussen

entre

plaats

el lugar